# PÉTITION

A LA

## Chambre des Députés,

SUR

## LES ABUS JUDICIAIRES,

ET SPÉCIALEMENT SUR

## L'EXPROPRIATION FORCÉE,

Par François Sugier.

Je briserai la pierre de l'autre....

Prix 1 fr. 50 c.

## PARIS,

A.-J. DENAIN, LIBRAIRE,
RUE VIVIENNE, Nº 16;
ET CHEZ LES MARCHANDS DE NOUVEAUTÉS.

—

1830.

# PÉTITION

### A

## LA CHAMBRE DES DÉPUTÉS.

⁂

Messieurs,

Depuis douze ans en çà, je suis au barreau, tantôt avoué, tantôt avocat. J'ai observé de près la manière dont s'y traite la justice. J'ai entendu les plaintes de bien des victimes de la chicane, et, voyant qu'en cette partie ce sont les lois qui, au lieu d'empêcher les abus, les commandent, je me suis demandé avec étonnement : Sommes-nous encore au 14ᵉ siècle ?

Ces abus, pour être notés tous, voudraient des *in-folio*. De ce faire je n'ai nul dessein. D'abord les gros livres ne sont bons à rien, n'étant lus de personne ; et puis, ainsi qu'au bonhomme, les longs ouvrages me font peur.

Mais pour cela, dois-je rester du tout muet ? Non : enfant moi-même de la chaumière, je ne saurais être de ceux qui disent : Ce n'est rien, c'est un paysan qu'un procès a ruiné; et, dussé-je déplaire à tout ce qui fait de chicane profit, dussé-je en être maudit à perpétuité, il faut que je parle : le devoir par-dessus tout.

Pour cette fois l'*expropriation forcée* me sera matière. Le sujet, Messieurs, est considérable, et me paraît digne de votre attention. C'est, comme vous allez voir, une plaie honteuse qui, depuis des siècles, négligée, ou plutôt entretenue, ronge le pauvre peuple. Hâtez-vous d'y porter remède. Me voici à mon propos.

De tout temps on a dit : Les biens du débiteur sont le gage du créancier; mais que du mot à la chose grande est la différence! A Rome, avant l'empire, ce n'était point un leurre. Le jour venu, le créancier disait au débiteur : As-tu des écus? paie-moi, sinon vends un champ; et le débiteur, qui n'avait aide de chicane, vendait et se libérait. Faisait-il le récalcitrant? Une lance était plantée au milieu du marché, et le fonds vendu par le créancier, sans ombre de frais ni pour l'un ni pour l'autre.

Mais depuis, le luxe ayant tué la république, Rome, pour ses péchés, eut une cour et des courtisans; d'où il arriva que les meilleures choses firent place aux pires : *pro labore desidia, pro pudore et abstinentiâ largitio atque superbia invasére.* Le patricien, en peu de temps, dissipait son bien, puis, criblé de dettes, se livrait à toutes sortes de turpitudes pour entretenir ses vices.

Le plébéien venait-il réclamer son dû? Il m'est impossible de payer à cette heure, lui disait l'homme *aux trois noms;* je viens de m'assortir d'esclaves et de chevaux; attends encore quelques calendes. Une autre fois *Crispinus* avait des amis à dîner, et ne pouvait se déranger. A la fin, il montrait les dents. Que faire? Aller au préteur? c'était justement un compère de *Crispinus.* Restait le recours à la *divine sérénité* du prince. — Quel est ton débiteur? demandait au plébéien le toujours auguste empereur. — *Crispinus.* — Comment! c'est ce cher *Crispinus,* le plus magnifique de mes serviteurs? — Lui-même, mon prince. — Laisse-là tes titres, on les examinera. Bien long-temps après, le plébéien reparaissait. — Il faut avant tout, lui disait-on, signifier tes titres. Le débiteur doit être convaincu, et mis en demeure : *opportet enim debitorem convinci.*

— Le voilà en demeure, convaincu bel et bon. — Eh bien, donne-lui du temps pour vendre. — Combien? — Ce n'est pas trop d'un an. *Annus luitionis introductus.*

— L'année est loin, et d'argent point de nouvelles. Me revoici. — Apparemment que le temps lui a manqué. Patiente encore un an. Ce délai passé, il te sera permis de vendre tous ses biens :

*licentia dabitur tibi, post biennium ex quo attesta-*
*tio missa erit, rem vendere.*

—Les deux ans sont passés, et toujours rien.
Cependant je suis sans ressource, et ma femme
et mes enfans manquent de pain. Je viens d'offrir mon dernier quartier de terre à mon voisin
qui n'en a point voulu, disant que tout ce qui y
croît est dévasté par les sangliers et les chiens
de *Crispinus*, mon débiteur, ce qui n'est que trop
vrai. — Je ne t'empêche plus ; mets à l'encan ses
parcs, sa maison, tout ce qui lui appartient. La
vile engeance !.... Et que devient tout l'or que je
donne à sa femme ?.....

— C'est encore moi. Hélas ! la vente a été pro-
clamée, les enchères ouvertes ; mais les esclaves
de *Crispinus* se sont trouvés là, l'arme au poing,
la menace dans les yeux. Malheur à qui aurait
fait une mise ! Moi-même, à grand'peine me suis-
je sauvé de leurs mains.

— Du moment que personne n'a voulu acheter,
il te faut de nouveau requérir *Crispinus*, et si au
temps marqué il n'a payé sa dette, tu reviendras
avec prières nous demander la possession de ses
biens, ce qui te sera octroyé en vertu du divin
oracle de notre bouche, foi d'empereur (1) !

---

(1) *Sin verò nemo est qui comparare rem voluerit, censemus ut
denuntiatio debitori post biennium mittatur; sin autem tempore sta-
tuto creditam pecuniam offerre noluerit, tunc creditor adeat culmen
principale, et precibus porrectis, jure dominii à nostrâ serenitate*

—La voilà faite cette nouvelle réquisition, qui n'a servi qu'à m'attirer de nouvelles avanies. Pour Dieu ! où sera le bout de tant d'indignités? — C'en est fait; je l'abandonne à son sort. Va saisir ses biens, possède-les, jouis-en en maître...... Cependant, après cela, il faudra user de quelque ménagement. L'humanité ne permet pas de lui accorder moins de deux ans pour rentrer dans sa propriété (1).

—Fort bien, mon prince. Mais me donnerez-vous une centaine de vos lanciers pour déposséder *Crispinus?* Car sans cela que me servirait d'avoir votre sacré oracle?—Oh! pour cela, c'est impossible. Nous préservent les dieux d'un acte si contraire à notre suprême justice!

—J'entends, mon prince; votre justice veut que je meure de faim avec ma famille, et que mon noble débiteur aille en litière, porté par de beaux esclaves de Syrie; qu'il ait des jardins et des palais, des maisons de plaisance et des maîtresses, des chevaux et des chiens.....

Voilà qui est étrange! étrange en vérité; aussi ai-je cité la loi, afin de n'être pas accusé de gloser.

Mais, dira-t-on, jamais telles ignominies ne

*habere eamdem rem expetat, habeatque ex divino oraculo. Lois 1 et 2.* C. liv. 8, tit. 34.

(1) *Pietatis intuitu, habeat debitor, intrà biennii tempus, in suam rem humanum regressum ex die sacri oraculi. Ubi suprà.*

se sont passées au pays de France, de tout temps courtois au possible ! Les chroniques sont là pour les incrédules. Moi qui là dessus suis quelque peu clerc, je dis : Changez les noms seulement, et vous aurez notre histoire.

Au commencement, il est vrai, hommes nobles chez nous n'empruntaient pas, mais prenaient corps et biens. C'était le temps des *forts*, à qui tout appartient, selon la maxime de nos pères, les bons Gaulois (1). Alors point de peuple, point de citoyens. Qu'étions-nous donc ? Troupeaux de serfs, vrais bestiaux, puisqu'il faut dire le mot, divisés en corps de fermes, passant tantôt à un chef de guerre, tantôt à un évêque, et par eux possédés et exploités toujours très légitimement, *jure belli vel Dei gratiá.*

Mais plus tard, à Paris comme à Rome, le luxe germa au cœur de nos maîtres, et porta ses fruits. Nous eûmes, nous aussi, une cour, des courtisans et des vices, des grands pleins de bassesse et d'orgueil, un clergé et des ambitieux, des abbés et des libertins, des femmes galantes et des bigotes, des ministres et des intrigans, bref, force gens titrés, ayant pages et maîtresses, mangeant leur bien, convoitant celui d'autrui, caressant le roturier pour lui soutirer son argent, entassant dettes sur dettes et n'en payant point ; sage même le pré-

_____

(1) *Omnia fortiorum virorum esse.* Tit.-Liv., liv. 5, c. 36.

teur s'il se tenait content d'avoir été dupe, et ne s'avisait de recourir à la justice. Que s'il avait entrepris de tirer raison de tels apôtres, quarante ans de sa vie et son dernier sou n'y auraient suffi.

Mais peut-être est-ce pour en conter que je parle ainsi? Non, Messieurs. Au surplus j'ai de bons garans. Écoutez d'abord ce qu'en dit un roi, Louis XII, de louable mémoire.

*Les débiteurs, par le moyen d'aucunes intelligences, font plusieurs discussions volontaires et feintes, impètrent lettres par lesquelles les créanciers ne peuvent poursuivre leurs dettes, dont aucune fois font durer les dites discussions quarante ou cinquante ans, à la grande ruine et déception du peuple* (1).

Vous l'entendez, le dire est clair et mérite foi. Les rois ne sauraient tromper en pareil cas, Louis XII surtout, lui qui passe pour n'avoir menti qu'une seule fois en sa vie, à savoir, lorsque poussé du malin, il acheta du pape Alexandre VI, son ami, la permission de chasser sa femme pour épouser sa maîtresse. En quoi consista le mensonge? Je m'en tais; non que je craigne ce qui arriva à Jean *Standons* qui fut exilé pour en avoir ri, mais de peur de scandale. Au reste jugez-en par ce qu'en dit un révérend

(1) Ordonnance de Blois, mars 1498, art. 257.

jésuite, suivant lequel ce mensonge, bien que le pape et la Sorbonne y eussent passé, fut suivi *de prodiges furieux, de tremblement de terre et obscurcissement de soleil* (1). Mais ne m'égaré-je pas? Je viens à mon fait.

Louis XII chercha donc à remédier aux désordres, ayant à cœur, comme il le dit (2), de couper broche *aux abus, pilleries, roberies et excès des gens de justice.* Mais le brave homme y perdit son temps.

Après lui, le roi François I^er, qui se piquait de politesse et d'entendement, annonça aussi l'intention de venir au secours des créanciers, *connaissant,* dit-il, *par expérience que plusieurs sont contraints d'abandonner leur bon droit à cause des lenteurs de la justice et des machinations des débiteurs* (3).

A cette fin, il donna sa fameuse ordonnance pour *la réformation et l'abréviation des procès.* Mais que réforma-t-il? Rien. Comment l'aurait-il fait? Le mal était dans les mœurs. Or, on sait que les lois ne font pas les mœurs, mais les mœurs les lois; et en fait de mœurs, il faut convenir que François I^er n'était pas un modèle. On l'a repris

(1) Louis de Bony, *Journal des Savans,* 7 août 1684. Brantôme, *Dames illustres,* pag. 277 et 288. Varillas, *Histoire de François I^er,* liv. 1, p. 8.

(2) Ordonnance de Blois, art. 258.

(3) Ordonnances de François I^er, juillet 1519, août 1539 et avril 1545.

d'avoir fait de sa cour *un bourbier de tous vices*, *en y instalant des affluences de gens d'église et de femmes débauchées*, et ce n'est pas à tort, s'il faut en croire tous les mémoires du temps (1).

Ce roi donc mis au caveau, les abus ne l'y suivirent pas, mais restèrent et grandirent. Les créanciers, toujours leurrés par leurs débiteurs, murmuraient, de mystifications las. Henri II, pour les apaiser, eut l'air de les plaindre, et gourmanda bailliages et parlemens, leur reprochant leur méchante conduite, notamment *d'autoriser les débiteurs à se jouer de leurs créanciers, et de les vexer au point de rendre leurs titres et leurs droits éternellement inutiles* (2).

Alors fut rendue l'*ordonnance des criées*, loi, comme toute œuvre humaine, imparfaite, bonne pourtant, beaucoup meilleure que celle qui maintenant nous régit; loi simple en soi, et d'exécution facile, mais qui, entre les mains des gens de chicane, devint bientôt un piége affreux, un labyrinthe inextricable, un abîme sans fond.

Il y avait alors en France une femme capable de mettre un frein aux désordres, si elle l'avait voulu. C'était Médicis, femme au-dessus de son siècle, et de nul bien connue. Mais, il avait été prédit qu'elle serait le fléau de son pays, et sur

(1) Brantôme, *Mémoires*, tom. 1, pag. 277; *le Kalendrier du Père L'enfant*; Mézerai, *Hist. de France*, sous l'année 1539.

(2) Ordonnance du mois de septembre 1551.

la foi de cet oracle, le pape Clément VII, homme pervers, l'avait poussée en France comme un brandon incendiaire, chargé d'y exercer sa haine et sa vengeance (1).

La prédiction ne se vérifia que trop. On ne lui doit pas, à la vérité, le premier bûcher où l'on brûla les hérétiques; il faut laisser à chacun son lot; mais ce fut elle qui attisa ces guerres sacrées d'effroyable mémoire, où nos malheureux pères,

> Pour de vains argumens qu'ils ne connaissaient pas,
> Excités par la voix des prêtres sanguinaires,
> Invoquaient le Seigneur en égorgeant leurs frères,
> Et, le bras tout souillé du sang des innocens,
> Osaient offrir à Dieu cet exécrable encens.

Le moyen alors de venir au secours des créanciers? En de telles misères, les lois se taisent, ne pouvant rien. Aussi, inutilement un grand citoyen, Michel de l'Hôpital, éleva-t-il par intervalles une voix auguste et sévère; c'était la voix dans le désert; inutilement réprimanda-t-il les juges, en les menaçant de la colère du monarque, *s'ils conti-*

______

(1) *Ferunt Clementem, implacabili tum in Gallos odio ardentem, vix post consummatas nuptias sibi adhuc credentem, dixisse, sibi abundè pœnarum de Gallis sumptum esse, quùm provideret fore ut ex illâ face (ita patruelis filiam vocabat) magnum incendium experiretur. Meminerat siquidem quod de illâ statim natâ mathematici prædixerant, natam eam scilicet exitio patriæ : quod quùm de republicâ suâ dictum crederent Florentini, de exponendâ, aut statim prostituendâ virgine, adhuc stante libertate, deliberaverunt.* Rognures de l'historien de Thou, recueillies par J. H. Boom; Amsterdam, 1663.

nuaient à mettre leur volonté au-dessus des ordonnances ; ils ne devinrent pas plus gens de
bien, *à toutes causes trouvant assez de biais*,
comme dit Montaigne, *pour les accommoder à
leurs amis*. Le prince lui-même s'accommoda à
ces juges corrompus, et donna à la vertu l'exil
pour récompense.

Non seulement les créanciers n'obtenaient rien,
mais mal en prenait à qui se rendait important.
Échappait-il à quelqu'un de dire : « Vous voyez
cette belle dame qui entre au Louvre, le masque
au visage et le miroir au ventre ? Son mari me
doit quelques pistoles dont j'aurais grand besoin. » Mon ami, lui disait à l'oreille son cama-
rade, on t'a entendu, dépêche-toi de mettre ordre
à tes affaires ; je te quitte..... tu sens le fagot. En
effet, dès la nuit suivante, la porte du malheureux était enfoncée, lui arraché de son lit, lié,
garrotté comme huguenot, au milieu des cris de sa
femme et de ses enfans, traîné dans un cachot,
puis, récitant en vain son *credo*, atteint et convaincu d'hérésie, jugé, condamné, pendu, brûlé
après en place de Grève, le tout, ce disaient les prêtres dans leurs chaires, pour le bien du royaume
et la plus grande gloire de Dieu : *ad maximam
Dei gloriam*.

Belle manière, dira-t-on, de payer ses dettes
et d'exécuter l'ordonnance des *criées!* Voilà pourtant comme allaient les choses sous les trois der-

niers Valois; ce qui n'a pas empêché qu'ils n'aient eu leurs panégyristes tout aussi bien que Marc-Aurèle et Vincent de Paul. Pourquoi pas? Le parlement ordonna bien une procession annuelle, et le pape des réjouissances par toute la terre, pour consacrer la mémoire de la Saint-Barthélemi (1).

Cependant, après que le bon Henri IV eut été admis, comme dit l'autre, pour maire de la commune, ayant enfin compris que *Paris valait bien une messe*, et même quelques coups de gaule reçus par procureurs (2), le chaos commença de se débrouiller un peu. Les petits, tout aussitôt, se sentirent reconfortés; jusqu'à ce point, que le jour même de l'entrée du Béarnais dans Paris, des huissiers s'émancipèrent à saisir, pour un créancier, les bagages du sire Odet de la Noue; au beau milieu de la rue. Celui-ci, de maison habituée de père en fils à prendre partout et ne rendre à personne, brave d'ailleurs comme son épée, ayant pour-

____

(1) *Mirum quantâ lætitiâ Romæ exultatum fuit !... Indè jubilæum toto christiano orbe publicatum.* De Thou, liv. 53.

(2) *Procumbentibus humi eisdem dominis Jacobo et Arnaldo, procuratoribus, antè pedes Suæ Sanctitatis, dùm cantores cantabant psalmum* Miserere mei, Deus; *prælibatus sanctus Dominus noster papa, in singulis versiculis dicti psalmi, verberabat et percutiebat humeros prædictorum procuratorum, et cujuslibet ipsorum, cum virgâ quam præ manibus habebat.* Extrait du procès-verbal de l'absolution donnée à Henri IV, rapporté dans le livre des Ambassades du cardinal du Perron, pag. 211.

fendu plus d'Espagnols et de papistes que le feu connétable n'avait dit de patenôtres (1), courut tout bouillant de colère demander vengeance au roi de cette insolence inouïe, pendable, d'autant plus que la dette avait été faite au service de Sa Majesté. Sur quoi Henri IV, homme juste et d'esprit avisé, fit ce qu'il fallait faire. *Odet*, lui dit-il sèchement et de façon à clore la bouche à tout chacun, *Odet, quand on a des dettes, il faut les payer ; je paie bien les miennes.* Bonne était la leçon pour les courtisans et la noblesse qui l'entouraient. Que vous en semble? Cela ne rappelle-t-il pas la bande de Juifs à qui Jésus disait un jour : Rendez à César ce qui est à César, *id est*, payez vos dettes?

Henri IV est mon roi favori; excusez-moi si j'en cause un peu. Il n'est pas si grand que Louis XVIII qui a proclamé la Charte, ni que Charles X qui l'a jurée, s'est engagé à régner par elle, et a promis de nous faire avoir des lois à l'avenant; ce qu'il fera, convaincu que ces lois nous sont dues, et qu'il nous les faut pour son bonheur et pour le nôtre : mais autant *Canning* l'emporte sur *Wellington*, *Choiseul sur Bonald*,

(1) On disait en proverbe : *Dieu nous garde du cure-dent de l'amiral et des patenôtres du connétable ;* parce que Coligny en se curant les dents, et Montmorency en disant son chapelet, donnaient souvent l'ordre de pendre ou d'assommer les malheureux qui tombaient en leur pouvoir. *Vie de Coligny*, pag. 664, à la note.

*Belleyme sur Mangin*, autant Henri IV est au-
dessus du surplus des rois.

Henri IV, le peuple s'en souvient, aimait les
Français tout de bon, travaillait à leur soulage-
ment, se plaisait avec eux, leur tenait parole surtout, ne voyait en eux que des amis, et ne se
défiait que des courtisans et des cafards, bon
à tous, et sans rancune contre personne, si ce
n'est contre les étrangers qui voulaient se mê-
ler de ses affaires, et contre les faiseurs de *notes
secrètes*, pour lesquels il était inexorable, témoin
le *seigneur Biron*.

Voulant que chacun payât ses dettes, il en-
seigna le moyen de le pouvoir faire, et mit en
vogue l'économie, vertu cardinale des gouver-
nemens, que le nôtre ne sait encore guère, mais
que vous devez lui apprendre, Messieurs, par vos
bons conseils, vous souvenant que le luxe est un
poison pour la liberté, et que tant que le budjet
ne sera pas réduit de moitié au moins, la corrup-
tion minera la Charte, et tendra des piéges à
notre franchise. Vous savez ce que coûte un écu
au cultivateur et à l'artisan, et, pour ne citer
qu'un scandale entre des milliers, vous seriez res-
ponsables à Dieu si vous souffriez encore qu'un
homme d'église prélevât chaque année 250,000 fr.
sur les sueurs du peuple. Je reviens.

Avec Henri IV point d'abus ne se pouvaient
cacher. La chicane eut son tour. Juges, avocats,

procureurs, tous furent semoncés, avec injonction d'être moins âpres au lucre (1). Que de sagesse dans ce Béarnais ! trop pour lui : car les cagots, qui n'y trouvaient leur compte, l'assass-i nèrent..... Cette mort, regrettable à toujours, replongea la France dans la confusion. Dès-là plus d'espoir aux créanciers ; jugez-en par ceci qu'on peut vérifier dans les ordonnances.

Le nombre des procureurs, ce disent-elles, devint innombrable. Il s'en attacha à un même siége jusqu'à huit centaines. Bref, ils pullulèrent si excessivement par tout le royaume, que s'affamant les uns les autres ; *ils ne pouvaient plus vivre en faisant leurs charges avec conscience, et étaient contraints* de faire...... ce que je ne veux pas dire (2). Vainement Richelieu, le fameux cardinal, les enrégimenta et les obligea d'acheter des brevets de chicane, comme autrefois Louis-le-Gros des brevets d'homme libre ; la mesure fit de l'argent, ce qu'on voulait, mais du bien, point du tout. Le mal au contraire empira. Ces messieurs, ainsi brevetés du roi pour leur argent, se crurent tout permis, non seulement de tondre, mais d'écorcher en plein. Aviez-vous une seule fois affaire à eux ? votre compte étoit bon. Rollet

---

(1) Voyez les mémoires de Sully, et l'Inventaire général de l'Histoire de France, par J. de Serre, tom. 7, pag. 35.

(2) Édit de création des procureurs en titre d'office, du mois de février 1620.

avait pris la cause de votre débiteur, et se faisait fort de vous arrêter. Rollet, jeune encore, mais déjà rompu aux tours du métier, vous voyant venir, se faisait petit, vous laissait engager bien avant, puis tout à coup commençait le branle, vous saluant d'abord d'une petite *fin de non recevoir* qui durait trois ans, puis d'une *opposition aux fins d'annuler*, puis d'une autre *aux fins de charge*, puis d'une autre *aux fins de distraire ;* puis toujours, jusqu'à extinction de monnaie et de chevance.

Vouliez-vous encore faire le mutin? On vous soumettait au *grand exercice*. Un beau jour, arrivait l'*évocation* ou le *committimus*, qui, de par le roi, vous enlevait à vos premiers juges, et vous envoyait replaider votre homme au bout du royaume. Là, tout de nouveau il fallait vous mettre à la merci des gens de justice, et fournir à mille mangeries d'invention diabolique, tels que droits de *petit sceau, de grand sceau, de debitis, de pareatis, de greffe, de contrôle, etc., etc.*

Mais du moins, si plus intrépide qu'Hercule, et non moins heureux que son compagnon, vous parveniez à dompter le monstre et à sortir du labyrinthe, le jour de la justice arrivait-il enfin? Point du tout. Comment donc? Point du tout, vous dis-je. La veille de l'adjudication du *décret,* au moment où vous croyiez mettre la main sur le prix de votre gage, voici qu'on vous signifiait un écrit, venu de la cour, par lequel tous messieurs du bailliage étaient mis en interdit. C'était une *lettre d'état*. Il était dit dans cette lettre que Mondor, votre débiteur, avait ou allait avoir un emploi dans lequel il serait contraire au service du roi de le déranger, et partant, que tout juge devait s'abstenir de passer outre *ès causes le concernant*. Et combien duraient ces lettres *d'embargo?* Six mois, anciennement. Plus tard on leur donna trois ans. Mais qu'importait leur durée? Échues, on les renouvelait. Quelquefois, à force de démarches, vous les faisiez casser comme étant le fruit du mensonge. Mais qu'y gagniez-vous? Rien. A l'instant même vous étiez de rechef bloqué, et vos juges remis en échec par une *lettre de répit*. Et pour obtenir cette lettre, il n'était pas besoin, comme pour la première, d'avoir un emploi : là simple recommandation d'un abbé de cour, celle même de sa maîtresse suffisait.

Enfin, si après tout cela, vous n'étiez pas encore mort de misère ou de vieillesse, savez-vous ce qui vous attendait?..... La prison..... Eh oui, la prison. Votre débiteur s'était procuré contre vous une *lettre de cachet*. Un alguazil, qui en était porteur, venait poliment vous la présenter au nom du roi. Il n'y avait pas à regimber; il fallait ou le suivre en prison, ou donner sur l'heure votre désistement des poursuites, vous résignant à attendre votre dû jusqu'au jugement dernier.

Cela vous étonne, Messieurs; votre âme en est révoltée. Et pourtant je ne vous ai montré qu'un coin du tableau. Serait-ce par hasard ces beaux temps-là dont certains prélats et nos jeunes prêtres ne cessent de réclamer le retour? Je n'ai pas le cœur méchant, mais si j'en étais sûr, ma foi, je ne pourrais me défendre de faire contre eux une prière, celle que faisait un ancien poète contre les tyrans :

*Magne pater divûm, sævos punire tyrannos*
*Haud aliá ratione velis, quùm dira libido*
*Moverit ingenium, ferventi -tincta veneno :*
VIRTUTEM VIDEANT INTABESCANTQUE RELICTA (1)!

« Grand Dieu ! pour les punir, ne choisis pas d'autre supplice : quand le délire de l'ambition aura troublé leur esprit et y fera fermenter son venin, MONTRE-LEUR LA VERTU, ET QU'ILS SÈCHENT DE L'AVOIR ABANDONNÉE ! »

En ces temps-là donc, il était comme reconnu qu'un débiteur, et surtout un débiteur noble, ne devait être contraint ni dans sa personne ni dans ses biens. Aussi, malgré les bonnes intentions de l'infortuné Louis XVI, le sort des créanciers était-il encore le même, lorsqu'éclata notre *révolution*,

_______________
(1) Perse.

dont on a dit tant de bien et tant de mal, mais qui finira par n'avoir d'autres détracteurs que ceux qui profitent des abus, ainsi qu'il arrivera vraisemblablement à ma pétition, si les petites choses se peuvent comparer aux grandes. 1

Pour moi, je me figure la raison humaine comme un grand géant, endormi dès le commencement des siècles, que le despotisme et la superstition, escortés de tous les préjugés et de toutes les misères, ont enchaîné durant son sommeil, qui ne s'est pas encore éveillé tout-à-fait, mais qui, par intervalles, entr'ouvre sa paupière immense, d'où jaillissent des flots de clarté, et fait des mouvemens inopinés dont le moindre rompt tous ses liens, et met en fuite ses innombrables, mais frêles ennemis, lesquels le revoyant calme reviennent incessamment, et tâchent à rattacher ses chaînes. Notre révolution me paraît un de ces mouvemens. Quoique irrégulier encore, on y remarque du dessein, de la volonté..... A mon jugement, tout annonce que le géant sort de sa léthargie, et que l'heure de son entier réveil est proche.

La révolution venue, que de plaies à guérir! Pour couper court au fléau de la chicane, on licencia les *procureurs*, dont le nom épouvantait; mais on les remplaça par des *avoués*. Quelle simplicité! au lieu de *pie* c'était *agace* : car ces avoués n'étaient ni plus ni moins que les procureurs travestis. On s'en aperçut, et dans un mouvement de colère, on décréta l'abolition de la race entière par toute la république. C'était peut-être trop à la fois. Rarement il arrive au sage médecin de brusquer ainsi le mal. Je suis loin, au reste, de blâmer la mesure : car il m'est avis que les avoués sont inutiles, au moins : au lieu de diligenter la justice, ils l'entrâvent; au lieu d'éclaircir, ils embrouillent. Cela soit dit toutefois sans offense : c'est l'institution que je critique et non les hommes, et cette institution jure avec notre âge.

Déjà en l'an 3, on s'occupa de donner aux créanciers le moyen de se faire payer sur leur gage. Mais que pouvait-on faire en l'an 3, au milieu des orages? Rien de bon; n'en parlons donc pas.

En l'an 7, ce fut différent. La loi sur l'*expropriation forcée*, du 11 brumaire, posa les vrais principes. On y trouve humanité pour le débiteur, justice pour le créancier, et pour les deux, économie. Si vous exceptez l'endroit des affiches, trop compliquées, il y avait très peu à butiner pour les *gens de plume*. Ce mérite aurait dû la faire vivre; ce fut justement ce qui causa sa ruine. Quelque temps après, les avoués étant, comme on dit, remontés sur leur bête, jurèrent sa perte.

L'occasion se présenta lors du *code de procédure*. Ils insinuèrent qu'il convenait d'y fondre la loi de l'an 7. Et de fait, on l'y fondit, mais si bien qu'il n'en resta pas trace. En revanche on nous fit du neuf; on donna la *saisie immobilière*. Là, comme dans tout le reste de ce déplorable code, aucun genre d'abus ne fut ménagé. Avoués, avocats, huissiers, greffiers, le fisc, chacun eut sa part taillée en plein drap : en façon que quelque bon titre et quelque bon droit que vous ayez, vous n'êtes que sage en suivant le précepte d'Hésiode qui dit : *quitte une moitié pour avoir l'autre, et ne plaide pas;* πλέον ἥμισυ παντός.

Quelle loi, bon Dieu, que cette loi de l'*expropriation forcée!* Les avoués eux-mêmes en ont peur..... C'est qu'en effet la procédure qu'elle prescrit est compliquée de tant de formalités inutiles et absurdes, qu'une fois engagé dans cette mer d'écueils, le plus avisé risque à chaque pas de faire naufrage.

De vous coter, un à un, tous les vices de cette loi honteuse, serait long et ennuyeux. Je me contente, Messieurs, de vous citer un exemple, à moi bien connu, et qui seul en dira plus que tous mes discours.

Marcel, célibataire, avait travaillé quarante ans de sa vie pour amasser la petite fortune dont il jouissait dans une ville de province. Il avait une sœur qui vivait à la campagne, à laquelle son mari avait laissé pour tout bien, en mourant, un enfant, avec la petite vanité d'avoir été la femme d'un soi-disant ci-devant gentilhomme. Marcel appela cet enfant auprès de lui, et tâcha de le pousser dans les classes, afin, disait-il, d'en faire un jour quelque chose. La *conscription* étant arrivée, il fallut lui trouver un *remplaçant*. Marcel s'adressa à Morisot dont il connaissait la position. Morisot, simple manouvrier, avait à nourrir son vieux père, sa femme et un enfant. Marcel lui offrit une obligation de 4,000 francs payable en six ans, et par-dessus le marché, un sac garni et six *louis d'or*. Il n'en fallait pas tant pour le séduire. Morisot ayant remis à Marguerite ( c'est le nom de sa femme) son obligation et quatre de ses *louis d'or*, lui recommanda son père et son fils, les embrassa tous les trois et partit. C'était le dernier adieu. Son père mourut peu après, et lui-même fut tué devant Paris d'un boulet des *alliés*.

Les termes de l'obligation furent exactement payés durant trois ans que le vieux Marcel vécut; mais après lui, *Décroi*, son neveu, ne pensa qu'à faire le mauvais sujet, dissipant ce qu'il lui avait laissé, et se moquant de la pauvre veuve.

Elle avait valeté plusieurs années sans pouvoir obtenir un sou. Enfin elle se décida à suivre le conseil qu'on lui donnait depuis long-temps, d'exproprier la maison hypothéquée à la dette. La voilà donc en route pour aller trouver un avoué. Elle n'en connaît point. Elle s'informe à la première fruitière. Celle-ci s'empresse de lui donner le nom de M. V.., dont la dame est une pratique de son échoppe.....

Elle arrive enfin chez l'homme aux procédures. — Que veut la bonne femme, lui dit un des clercs ? — Monsieur, voici une obligation qu'on ne veut pas me payer. J'ai dessein de faire une expropriation. Voulez-vous vous en charger ? — Une expropriation ! Diantre, la bonne femme ! Mais avez-vous de l'argent ? Car il en faut de l'argent pour une expropriation. — Je peux dès aujourd'hui vous donner 600 francs. — Madame, voici une chaise ; asseyez-vous, je vais appeler M. V. — M. V. entre, et, d'un air caressant, prend l'obligation des mains de Marguerite. Oui, dit-il, le titre est en due forme. C'est bien, Madame ; vous n'avez qu'à laisser vos 600 francs : votre affaire est en bonnes mains. Elle donne ses 600 francs, non sans faire un gros soupir : car elle les conservait pour faire apprendre un métier à son enfant.

Elle revint au bout de trois mois. Le commandement était fait, mais le délai prescrit n'était pas encore expiré. Elle laissa passer encore trois mois et revint. Cette fois la saisie était faite, mais non encore transcrite. Elle s'en retourna en gémissant, et reparut au bout de deux mois.

Je travaille pour vous, lui dit le *maître clerc ;* voici le cahier des charges qui s'en va fini. C'était un énorme volume de papier timbré où les lettres et les lignes se fuyaient. Le placard est imprimé et va être affiché, ajouta le *limonier* de l'étude. La première publication aura lieu dans six semaines. Oserais-je vous demander, dit alors Marguerite, à quoi peut servir cette publication ?— Quelle question, reprit-il, d'un ton qui interloqua tous les petits *brouille-papier* du bureau? Si vous en êtes là, à quoi sert le *procès-verbal de saisie*, la *transcription* aux hypothèques et au greffe, la *dénonciation* au débiteur, les *deux pemières affiches ?* A quoi sert *le cahier des charges*, qui s'allonge selon l'appétit du *maître*, et dont chaque feuillet coûte en définitive de trois à quatre francs ? A quoi servent les *trois publications* de ce cahier, auxquelles personne ne fait attention ? A quoi sert enfin l'*adjudication préparatoire*, où personne n'assiste ? A rien, absolument à rien ; chacun le sait et en convient, même les avoués. Mais qu'y faire ? La loi commande tout cela..... Là-dessus le patron entra, et le clerc se tut, poursuivant son écriture.

Le jour de la première publication arrivé, Décroi se mit sur la défensive et signifia une opposition. Deux avocats et deux avoués engagèrent le combat. Ceux de Décroi exposaient qu'à la fin de la copie du titre signifié avec le commandement, on avait omis *quatre mots* de ce qu'on appelle le *mandons*, et que partant il y avait nullité. Ceux de Marguerite répondaient que cette omission ne

pouvait invalider la procédure, ces quatre mots
ne faisant pas essentiellement partie du titre, et
ne se trouvant que dans une simple formule de
chancellerie. N'importe, répliquaient les premiers; le titre exécutoire ne va pas sans cette
formule, et la loi veut, *à peine de nullité*, que
le commandement contienne *copie entière* du
titre. Or, où il manque quatre mots, tous les mots
ne se trouvent pas. Et à l'appui de ce beau sys-
tème, ils citaient arrêt sur arrêt, commentateur
sur commentateur : *Tarrible*, *Le Page*, *Des Ma-
zures*, *Pigeau*, *Bériat-Saint-Prix*, et surtout M.
*Carré*, de Rennes, le savant M. Carré, qui im-
prime chaque année deux ou trois *in-quarto*,
et est assez heureux pour trouver des niais qui
les achètent, prenant pour du neuf ce qu'il leur
a déjà vendu quatre fois pour tel.

Enfin, *parties ouies* et *pièces vues*, le tribunal
considéra que l'omission des *quatre mots* viciait la
procédure, et en conséquence annula le tout (1).

Marguerite assistait au jugement. Qu'a-t-on dé-
cidé, demanda-t-elle à son avoué, plus morte que
vive? — Ce n'est rien, dit-il; on a déclaré nulle
l'expropriation; mais nous avons l'appel.

Et de fait, on appela. Mais qu'arriva-t-il? Le
procès étant à la cour, y traîna deux ans. D'où
vient, demandait un jour Marguerite à son avoué,

______

(1) Voyez un arrêt semblable, du 18 mars 1808. Sirey, 15, 2, 178.

d'où vient que la cause de M. de B..., dont l'appel n'a pas quinze jours, est déjà jugée, tandis que la mienne demeure au crochet depuis des années? — Cela vient de ce que M. de B... a présenté un placet et obtenu d'être expédié de suite.—Et pourquoi n'en pas autant faire pour moi? —Pourquoi? pourquoi? Taisez-vous, bonne femme : vous n'entendez rien aux affaires. Avez-vous ici, vous, des amis considérables? Le moindre abbé a-t-il parlé pour vous? Vous a-t-on seulement recommandée à la femme du procureur général? Non. Eh bien donc, trève de questions; vous passerez à votre tour.

Son tour arriva enfin. La cour, après deux jours de plaidoiries bien savantes, *recevant l'appellation, et mettant icelle au néant*, déclara qu'il *avait été bien jugé, mal et sans grief appelé*; et condamna Marguerite à l'amende et au dépens.

Peu de jours après, elle reçut une lettre qui lui réclamait *ses frais d'appel*. Mais l'avocat du moins lui fit grâce de ses honoraires?—Et pourquoi, s'il vous plaît? Sachez que l'avocat ne se croit pas plus tenu de plaider *gratis* pour la veuve, que le prêtre de chanter *gratis* pour les trépassés. Aucun n'aime sans fruit faire des *oraisons*. Elle avait quelques mauvais meubles : elle les vendit et paya.

L'avoué d'instance avait encore quelque chose des 600 francs. Il recommença l'expropriation.

Décroi se tint coi long-temps, et le laissa aller. Mais il se réveilla à la *troisième publication*, et lança un incident. Il perdit sa cause, en instance et en appel; mais il gagna du temps : car le débat dura quinze mois.

L'expropriation renouée, avançait vers l'*adjudication préparatoire*. Il s'agissait de trouver le moyen de l'arrêter de nouveau. Allons, du courage! disait Décroi à son avoué : voici de l'argent; coûte qui coûte, il faut remettre le bâton dans les roues. Ce n'était pas aisé. Cependant l'homme au grimoire, tant et tant éplucha le dossier, qu'à la fin il éventa la mine. C'est cela, s'écria-t-il; je l'ai trouvé! votre maison a douze fenêtres, et la saisie n'en mentionne que dix. Et vite, une requête en nullité.

Devant le tribunal, l'attaque et la défense furent des plus vives : avoués, avocats, des gros mots paraissaient près d'en venir aux mains, quand, par un *débouté*, les juges brusquement terminèrent l'esclandre.

Le Décroi ne s'en tint pas là, et eut bon nez; car sur son appel, la cour, au bout de vingt mois, réforma, et mit au néant la saisie, par la raison que le procès-verbal clochait, n'indiquant que *dix croisées* au lieu de douze, faute irrémédiable (1).

Des frais la masse était grosse. L'avoué de

---

(1) Voyez arrêt semblable, du 17 décembre 1808. Sirey, 15, 2, 180.

Décroi affirma en avoir fait l'avance et se les fit adjuger contre Marguerite. Le dessein était de l'exproprier elle-même.

Le commandement était déjà donné ; comment faire pour empêcher la saisie ! où trouver de l'argent ? Elle avait beau frapper aux portes, offrir d'hypothéquer la petite maison qui lui restait ; chacun, secouant les oreilles, lui tournait le dos. A quoi bon des obligations et des hypothèques, lui disait-on, s'il n'est pas possible de les faire valoir, si, comme vous, il faut mourir à la peine ? On ne prête plus maintenant sur des hypothèques, lui dit le dernier usurier auquel elle s'adressa ; on fait des *rémérés*. Ainsi passez-moi une vente de votre baraque, et je vous donnerai 600 francs. Le réméré fut fait avec la condition qu'à défaut de remboursement au bout de deux ans, la vente serait irrévocable. Les six cents francs suffirent à peine pour payer l'honnête avoué qui la poursuivait.

Plus d'argent, et partant plus de poursuites contre Décroi. L'avoué n'avait garde de s'y aventurer à crédit.

On voit roder dans les tribunaux des hommes à figure ignoble, qui guettent l'occasion d'exploiter la détresse des pauvres plaideurs. Vous avez une créance, dit un de ces êtres à Marguerite, dont vous ne pouvez rien tirer par vous-même ; assurez-m'en la moitié et je fournirai l'argent nécessaire pour exproprier Décroi. La condition, quoique dure, fut acceptée, et l'expropriation par ce moyen renouvelée.

Ainsi remise en haleine, la chicane fit de nouveaux prodiges. D'incident en incident, d'appellation en appellation, Décroi promena son monde encore deux ans sans qu'on pût seulement arriver à la première adjudication.

Cependant le réméré expira, et Marguerite n'ayant pu rembourser les 600 francs, fut chassée de sa maison. Elle ne résista pas à ce coup. Accablée de douleur, elle languit quelque temps et mourut. Son enfant ne tarda pas à la suivre. Recueilli d'abord par la charité publique, puis placé en condition chez un maître dur, il succomba à des travaux au-dessus de ses forces, et expira dans la misère sur le grabat du servage. Voilà quel fut pour lui le prix du sang de son père.

Et le brave Décroi, qu'est-il devenu? Après avoir consumé tout ce qu'il avait en sales débauches, il se vendit pour remplacer au service militaire le fils d'un maquignon. Mais étant au régiment, il se permettait avec ses camarades certaines privautés qui l'en firent chasser ignominieusement. Pour lors, ne sachant plus à quel saint se vouer, il alla frapper à la porte d'un séminaire où il fut accueilli et fait prêtre. Il s'est enrôlé depuis dans les missionnaires. A l'heure qu'il est, il parcourt les campagnes, préchant les bonnes mœurs et les devoirs du chrétien.

Il est temps de finir, j'en ai assez dit pour vous faire voir combien sont invétérés et funestes les abus de la procédure en matière d'*expropriation*, et combien il est urgent d'abroger la loi qui les consacre. Hâtez-vous donc, Messieurs, de provoquer cette abrogation : vous le devez pour l'honneur de la justice et le bien de l'état.

Pour moi, si j'étais quelque chose en France, et qu'on me consultât pour faire une loi d'*expropriation*, je me dirais :

« Celui qui a pris un engagement doit le remplir : la raison le veut, la morale le veut, et la loi aussi. Quand j'ai prêté mon argent à *Paul*, je lui ai déclaré que j'en aurais besoin à telle époque; il m'a donné sa foi qu'il me le rendrait au jour dit; prévoyant le cas où il manquerait à sa parole, j'en ai exigé un gage, et il a été convenu qu'à défaut de paiement, je me rembourserais sur le prix. Si donc, au mépris de sa promesse, *Paul* refuse de me rendre mon argent au temps convenu, pouvant le faire, ou si ne le pouvant pas, il refuse de vendre le gage qu'il ma donné, cet homme-là est en mauvaise foi; la loi ne doit pas hésiter entre lui et moi; elle doit venir à mon aide contre lui, non en apparence, non en me soumettant à des conditions plus dures, plus ruineuses que la perte de mon argent, comme fait notre loi actuelle, mais franchement, loyalement. Ainsi quand j'aurai prévenu *Paul*, que, si dans un mois je ne suis pas payé, je ferai vendre le gage, si, ce mois passé, je n'ai pas été satisfait, il devra m'être permis d'afficher l'immeuble pour le faire adjuger six semaines après. *Paul* n'a point à se plaindre : il lui était libre de vendre lui-même. En s'y refusant, il m'en a imposé la nécessité. »

Telles seraient les bases sur lesquelles j'établirais ma loi. Et, pour la prémunir contre les *gens de plaid*, j'interdirois toute opposition, tout incident quelconque avant le jour de l'adjudication. Autre précaution : j'ordonnerais qu'en cas d'appel, cet appel serait fait dans huitaine, et jugé à la Cour, dans quinzaine au plus tard.

De cette manière la confiance s'établirait, celui qui a, prêterait à celui qui n'a pas; l'argent, au lieu de se concentrer dans Paris, en sortirait, circulerait de la ville au hameau; le fléau des rémérés cesserait, l'usure s'éteindrait, la petite industrie se développperait; tout débiteur, faisant de nécessité vertu, prendrait ses mesures, et, payant sans chicane, s'enrichirait; le créancier, au besoin, trouverait assistance dans la loi, ne craindrait pas de s'égarer en allant aux tribunaux, comme font maintenant la plupart, qui, croyant arriver dans le sanctuaire de la justice, se fourvoient, et, imprudens, se ruent dans l'antre de la chicane, à l'entrée duquel devrait se lire en gros caractère, comme à la porte de l'enfer du *Dante* :

LASSAT' OGNI SPERANZA VOI CHE 'NTRATE.

Laissez-là toute espérance, vous qui entrez dans ce lieu.

IMPRIMERIE DE CH. DEIS, A BESANÇON, 1830.